AF267041

LE **16** MARS

A

CHISLEHURST

PAR

GRANIER DE CASSAGNAC

PARIS

LACHAUD & BURDIN

LIBRAIRES-ÉDITEURS

4, PLACE DU THÉATRE-FRANÇAIS, 4

—

1874

LE 16 MARS

A

CHISLEHURST

———

I

La démonstration du 16 mars à Chislehurst a dissipé une illusion accréditée depuis plus d'un demi-siècle sur le régime Impérial, et mis au jour la vraie source de sa vitalité et de sa force d'expansion.

On disait et l'on croyait que la force de l'Empire était dans sa légende guerrière ; et l'on concluait de cette fausse appréciation que l'Empire avait péri avec la légende, à Sedan et à Metz. C'était une profonde erreur. L'explosion qui vient d'avoir lieu en Angleterre et qui se continue en France, avec des effets multipliés au centuple, prouve définitivement et d'une manière irréfutable que la force de l'Empire était, non dans sa légende, mais dans le besoin impérieux que la France a de son principe, de ses institutions et de sa dynastie.

S'il avait été examiné de près, le préjugé dont nous parlons eût déjà été détruit en ce qui touche le premier Empire. Sans doute, l'Empire avait commandé l'admiration du monde par ses innombrables et gigantesques batailles, toutes livrées contre l'Europe féodale, toutes gagnées au profit des idées de la Révolution ; mais l'Empire guerrier s'était finalement abîmé dans le désastre de Waterloo ; tandis que l'Empire civil, social, civilisateur a survécu tout entier, immortalisé dans ses œuvres.

Des héros de cent victoires, qui conquirent pour dépouilles opimes toutes les capitales de l'Europe continentale, il n'est resté, il est vrai, que la légende épique de ces braves, dont les noms encombrent l'histoire et couvrent les monuments ; mais des œuvres de la paix et des organes de la vie civile, tout est encore debout : l'administration, les finances, les tribunaux, l'instruction publique, les codes. Toute la France qui vit, qui se meut, qui agit, est encore dans le moule impérial où la puissante main de Napoléon l'a jetée.

Le second Empire a eu aussi sa gloire et sa légende militaires. La Russie, vaincue en Crimée ; l'Autriche, vaincue en Italie, avaient placé notre armée au premier rang parmi les armées européennes ; les dix mille hommes transportés en Chine ; les trente mille hommes transportés au Mexique, ceux-ci à trois mille lieues de la patrie, ceux-là à l'extrémité du monde, où jamais un soldat de l'Occident n'avait paru, avaient étendu et agrandi le prestige guerrier de la France ; mais ce n'était pas cette gloire nouvelle, ajoutée à l'ancienne, qui était le premier titre du second Empire à l'attachement des populations ; les malheurs inattendus et soudains de Sedan et de Metz l'ont bien prouvé. La gloire militaire s'est momentanément évanouie, et la dynastie impériale est néanmoins restée vivante dans les cœurs, en attendant que les événements et la nation consultée la replacent sur le trône.

Le premier Empire, en tombant enveloppé dans sa légende guerrière, avait laissé pour le défendre les institutions civiles qui forment le cadre administratif de la France moderne. Le second, en prenant le chemin de l'exil, avait laissé aussi, avec le souvenir de dix-huit ans de sécurité sans exemple, l'ensemble gigantesque des travaux publics, les chemins de fer, la navigation à vapeur couvrant toutes les mers, la liberté du commerce et des échanges, toutes choses devenues la source d'une prospérité et d'une épargne immenses, qui ont permis à la France de payer les neuf ou dix milliards qu'ont dévorés la libération du sol et les dilapidations de la République.

Et c'est pour cela que les Exilés de Chislehurst ont vu accourir près d'eux toute cette France laborieuse, la France des campagnes et des petites villes, la France des transactions et du commerce, la France des patrimoines modestes, formés par le travail, conservés et accrus par l'économie. Tous les départements étaient présents à la fête, car n'eussent-ils pas tous les mêmes croyances politiques, ils ont tous les mêmes besoins, qui sont l'ordre et la sécurité. Or, depuis la fin du dernier siècle, les institutions impériales ont, seules, donné l'un et l'autre.

C'est donc désormais, comme nous disions, une vérité manifeste et démontrée, que la force de l'Empire n'est pas dans sa légende guerrière, mais dans le besoin que la société a de son principe, de ses institutions et de sa dynastie.

II

D'abord, la France a besoin de l'Empire pour maintenir le principe démocratique de la souveraineté nationale, qu'avait fait prévaloir la Révolution de 1789, et qui est de nouveau mis en question par les anciens partis.

Les légitimistes refusent de reconnaître que la souveraineté, c'est-à-dire le droit qu'a un pays de disposer de lui-même et de choisir son gouvernement, réside dans le peuple tout entier; et ils attribuent cette souveraineté à M. le comte de Chambord, représentant d'une famille qui a sans doute longtemps régné sur la France, mais qui a été deux fois renversée, avec les idées surannées dont elle était la représentation.

Les orléanistes refusent également d'accorder au peuple entier, réuni dans ses comices, le droit de faire choix d'un gouvernement approprié à ses vœux et à ses besoins, et ils prétendent réserver ce droit à une assemblée délibérante, n'eût-elle pas reçu la mission spéciale et expresse de faire une constitution. C'est ainsi qu'en 1830, ce parti éleva au trône Louis-Philippe, par la seule autorité de la Chambre des députés, et sans avoir consulté la nation.

Dirigés par cette haine du peuple, qui leur est commune, les légitimistes et les orléanistes se sont réunis pour détruire le suffrage universel et rétablir le suffrage restreint. N'est-ce pas, en effet, détruire le suffrage universel que d'enlever le droit de vote à trois ou quatre millions d'électeurs? Or, c'est ce que les légitimistes et les orléanistes ligués s'efforcent de faire en ce moment, à l'aide d'un projet de loi qui réduira, ainsi que nous venons de le dire, le nombre des votants, en imposant à l'exercice du droit électoral vingt-cinq ans d'âge et trois ans de domicile dans la même commune.

De son côté, le parti républicain, avec un faux semblant de démocratie, marche dans la voie des légitimistes et des orléanistes. Deux fois, en 1848 et en 1870, il s'est emparé du gouvernement de la France par la violence, et il a toujours refusé de faire sanctionner son usurpation par le peuple. Le principal chef qu'ait eu ce parti, le général Cavaignac, porta à la tribune de l'Assemblée, en 1848, l'étrange doctrine de ses adeptes : il soutint que la République n'avait pas besoin, pour s'établir, du consentement de la nation, et qu'elle existait par elle-même, envers et contre tous. La conséquence de cette doctrine, était que les hommes, devenus des brutes, dépourvus de tout libre arbitre, seraient attachés, soudés à la République, comme les huîtres à un rocher ; et que les républicains, ou ceux qui se disent tels, seraient, par droit de naissance, les maîtres et seigneurs de ceux qui ne partagent pas leurs opinions.

C'est donc contre ces trois sortes d'usurpateurs, contre ces trois sortes d'aristocrates, blancs, rouges et tricolores, que la France a besoin de l'Empire, qui fut, est et sera toujours le représentant du suffrage universel, de la démocratie et des principes de 1789.

III

En même temps qu'elle a besoin de l'Empire pour assurer le maintien des principes de 89, sur lesquels elle repose, la France le réclame encore pour avoir, non-seulement l'ordre matériel, mais l'ordre moral, sans lequel n'existe pas la sécurité nécessaire à la vie des nations. En dehors d'un régime fondé, comme l'Empire, sur la confiance et le vote du plus grand nombre, et réalisant, comme lui, l'alliance de la démocratie et du pouvoir, la paix des esprits et des intérêts, c'est-à-dire la sécurité, est impossible.

Supposez, en effet, qu'à la suite d'une combinaison parlementaire quelconque ou d'élections générales, la France vît apparaître, un matin,

Ou un régime monarchique, avec M. le comte de Chambord,

Ou un régime parlementaire, avec un prince d'Orléans,

Ou un régime républicain, avec l'un des chefs du parti;

Qu'arriverait-il, à bref délai et d'une manière certaine?

L'infime minorité des partisans de Henri V, qui se trouvent disséminés dans les communes urbaines et rurales, est connue de tous. L'éloignement que sa cause inspire dans les campagnes est généralement tel, que là où se montre un candidat *blanc*, les populations les plus conservatrices, voulant à tout prix l'éviter, votent pour un *rouge*.

Une restauration monarchique, faite par l'Assemblée, car l'Assemblée seule pourrait avoir cette tentation, serait donc repoussée et combattue par l'opinion publique, et deviendrait le point de départ de convulsions successives aboutissant à une catastrophe prochaine. Les conseils de la commune, de l'arrondissement et du département, se rempliraient d'élus hostiles à l'administration ; et les assemblées législatives verraient arriver des majorités hostiles à la dynastie. Plus de sécurité, plus de lendemain, partant plus de travail ni de transactions.

D'un autre côté, il faut bien le dire, l'attitude de la maison d'Orléans n'a pas attiré la sympathie du public sur ses membres ; la conduite des princes a toujours été louche. Sont-ils réellement monarchiques ? Sont-ils réellement républicains ? On n'en sait rien, ils sont d'Orléans, ils ont peu d'opinions, beaucoup d'appétits. L'avidité avec laquelle ils se sont rués sur les millions de la France, au moment où elle s'épuisait pour payer les Prussiens, a révolté la délicatesse publique. Ils font toujours les yeux doux au pouvoir, prêts à porter la carmagnole ou le sceptre.

Le régime politique représenté par les d'Orléans, c'est le gouvernement parlementaire, ordre de choses jugé par ses fruits. Les dix-sept années du règne de Louis-Philippe se composèrent surtout d'émeutes et de discours, c'est-à-dire d'agitation. Ni la prudence du roi, ni le courage de Casimir Périer et de Bugeaud, ni la fidélité de Montalivet, ni les talents des Molé, des Thiers, des Guizot, des Duchâtel ne purent sauver ce régime : il s'effondra en plein calme, en pleine paix, en pleine sécurité, soutenu par la plus grosse majorité qu'il eût obtenue depuis dix-sept ans. Avec la passion d'ordre et de sécurité que l'Empire a inspirée à la France, le rétablissement du régime parlementaire, avec un d'Orléans, ne durerait pas quinze mois, broyé qu'il serait entre les républicains et les bonapartistes.

Enfin, est-il nécessaire d'insister beaucoup, pour expliquer comment la République serait incapable de donner la sécurité à la France ? On a vu à l'œuvre celle de 1848 et celle de 1870. L'une et l'autre sont mortes de leurs convulsions intérieures et de leurs violences. Dès qu'ils ont établi la République, les républicains n'ont rien de plus pressé que de prendre les armes pour la renverser. La première, après deux mois de durée, eut à subir l'assaut du 15 mai ; la seconde, après deux mois d'existence, eut à subir l'assaut du 31 octobre ; toutes deux se noyèrent dans le sang et la guerre civile ; celle de 1848 aboutit aux trois journées de juin ; celle de 1870 aux inénarrables infamies de la Commune.

En résumé, la France, qui a tâté de la Légitimité, des d'Orléans et de la République, n'en veut plus. Passionnée pour la conservation de la Souveraineté nationale et pour le suffrage universel, elle se tourne vers l'héritier d'une dynastie fondée sur le Plébiscite. Affamée d'ordre, elle invoque la vertu d'un régime sous lequel, en dix-huit années, il n'y a pas eu une seule émeute.

Voilà pourquoi sept mille personnes de tout rang, de toute condition, venues de tous les départements, et même de l'Algérie, se sont trouvées réunies, le 16 mars, sur les pelouses de Cambden-Place, pour fêter la majo-rité du fils de l'héritier de Napoléon III. Dans la convic-tion profonde de ces hommes, accourus de si loin, incon-nus les uns aux autres, et pourtant réunis par une pensée et par une espérance communes; pour tous, le Prince Impérial, replacé sur le trône de son auguste père, et y apportant les mêmes principes, les mêmes institutions qui mirent un terme aux angoisses nées de la République de 1848, rétablirait le seul gouvernement compatible avec les éléments, les tendances, les besoins de la société moderne.

IV

On en conviendra, jamais spectacle pareil ne s'était vu. Les rois détrônés n'ont pas manqué en Europe; l'Angleterre, l'Espagne, l'Italie ont eu les leurs; quel est celui d'entre eux qui reçut dans l'exil de tels hom-mages, de tels respects, de telles consolations, de tels encouragements? — Aucun!

M. le comte de Chambord atteignit ses dix-huit ans le 29 septembre 1838.

M. le comte de Paris atteignit ses dix-huit ans le 24 août 1856.

Qui donc en France se préoccupa de ces deux anniversaires ?

Aux obsèques du roi Charles X, mort à Goritz, le 6 novembre 1836, il n'y eut qui que ce soit, en dehors du cercle des serviteurs de la famille.

Aux obsèques du roi Louis-Philippe, mort à Claremont, le 26 août 1850, il y eut quarante-deux personnes, anciens ministres ou familiers.

Aux obsèques de Napoléon III, mort à Cambden-Place, le 9 janvier 1873, il y eut *quatre mille* Français.

A la fête célébrée en l'honneur de la majorité de son fils, le Prince Impérial, il y en a eu *sept mille :* c'est le chiffre donné par tous les journaux anglais.

C'est que Charles X et Louis-Philippe étaient les souverains des coteries. Les Napoléon représentent la Nation.

Et ce concours, cette affection, cette piété, qui pourrait les peindre avec leurs couleurs naturelles ? qui pourrait faire comprendre aux absents ce qui a été, pour les spectateurs eux-mêmes, un objet de surprise ?

Chislehurst, dans le comté de Kent, sur la rive droite de la Tamise, est ce que nous nommerions en France une agglomération, couvrant, par groupes séparés de maisons, l'étendue d'une vaste commune rurale. Le territoire est situé sur le chemin de fer de Douvres à Londres, cinq lieues à peu près en deçà de la capitale. Il faut pour revenir de Douvres environ vingt-cinq minutes en chemin de fer, et une heure un quart en chaise de poste.

La campagne de Chislehurst est, comme la campagne anglaise en général, pittoresque et gracieuse. Peu de labourés, beaucoup de prairies naturelles, entrecoupées de petits bois et bordées de grands arbres. Les chênes séculaires, qui servent chez nous à faire des planches, servent là-bas à ombrage le paysager et à donner asile aux oiseaux de haut vol. On se sent là dans une atmosphère de Lords-Lands opulents, qui aiment leurs aises et ne battent pas monnaie avec leurs futaies.

Une partie du territoire de Chislehurst se relève en coteau, couronné par un plateau de landes plantureuses, comme celles de la Bretagne ou de l'Armagnac, l'ajonc y pousse avec énergie et y étale ses touffes d'un vert foncé. Le coteau est couvert de villas charmantes, entourées de petits parcs coquettement entretenus ; et sur le plateau se développe, avec ses gazons splendides, ses cèdres majestueux, Cambden-Place, résidence de la Famille impériale.

La villa est la propriété d'un Anglais fort dévoué à la Famille impériale et ami de la France. M. W. Strode ne parle de l'Empereur qu'avec émotion et respect ; et lorsque nous le remerciâmes, en notre nom et au nom de nos compatriotes, de l'affection qu'il avait témoignée à notre bien-aimé Souverain, M. Strode eut peine à retenir ses larmes, en nous disant qu'il l'avait aimé, vénéré comme un père.

A un kilomètre de la villa, à l'autre bout de la lande,

s'élève la petite église catholique de Sainte-Marie, contre laquelle a été construite la chapelle funéraire où reposent les restes mortels de l'Empereur. L'abbé Godard, un Anglais d'un grand cœur et d'un grand talent, est curé de Sainte-Marie. Le 16 mars, il arracha des larmes et presque des applaudissements à tous ceux qu avaient pu pénétrer dans la petite église.

Tel est le théâtre où se déroula, le 15, le 16, le 17 et le 18 mars, la solennelle manifestation dont l'écho vibre encore et vibrera longtemps dans toute la France.

Ces quatre journées furent belles, malgré le climat et la saison. La température était tiède. Le 16, le grand jour, le soleil se montra à dix heures.

Dès le dimanche matin, plusieurs centaines de Français se pressèrent, dès onze heures du matin, à la grille de Cambden-Place. Un grand nombre d'entre eux accompagnèrent l'Impératrice et le Prince Impérial à la messe, et formèrent leur cortége à leur retour. A la vue de cette affluence, Sa Majesté et le Prince renvoyèrent leurs voitures, et revinrent à pied. Après le déjeuner, tous les voyageurs présents à la villa furent présentés individuellement.

Des dispositions avaient été prises en vue de l'immense concours qui s'annonçait pour le lendemain. Deux tentes avaient été dressées. L'une, à gauche, pouvant contenir trois mille personnes, un peu tassées, il est vrai, était destinée à la présentation générale et en masse. Dans cette tente, M. le duc de Padoue devait, au nom de tous les voyageurs, adresser un discours au Prince ; et le Prince, après quelques mots de réponse à l'orateur, devait parler à l'assemblée. La deuxième tente, à droite, était destinée à la collation offerte aux visiteurs. Le dimanche, 15 mars, porte, comme on sait, dans la liturgie, le nom de *lætare* ; l'évangile du jour raconte le miracle des cinq pains, avec lequel cinq mille personnes furent nourries dans le désert ; et l'Impératrice disait avec gaieté qu'elle allait être obligée de renouveler le miracle.

Le 16, le grand jour, les visiteurs arrivèrent à flots dès dix heures du matin. Chacun d'eux s'était muni, la veille au soir, à Willis-Rooms, dans Regents-Street, à Londres, d'une carte d'entrée pour la villa. La messe commémorative, à l'honneur de l'Empereur, eut lieu à l'église Sainte-Marie, vers dix heures et demie. Trois mille personnes au moins étaient massées autour de la petite église, la plupart butinant aux dépens des arbres et des haies, et enlevant des feuilles et des petites branches, serrées précieusement comme souvenir. A la sortie de l'Impératrice et du Prince, un cri formidable et prolongé de *Vive l'Empereur !* éclata sur la bruyère.

A midi, la lande qui s'étend devant la grille de la villa offrait un curieux spectacle. Le drapeau français flottait, non-seulement sur Cambden-Place, mais sur la plupart des maisons environnantes, et l'église protestante mettait ses cloches à la volée. Une multitude de voitures, ayant amené des familles anglaises, stationnaient de toutes parts. La musique d'un régiment écossais et la musique de Chislehurst, rangées le long des murs, jouaient des airs nationaux ou des airs de danses. Un grand nombre de policemen, à haute stature, contenaient

les curieux ou modéraient les indiscrets; et des *détectives*
exercés et habiles avaient l'œil sur les groupes où pouvaient se glisser des pick-pockets ou des communards.

Cependant les flots de visiteurs, déposés à la station
de Chislehurst par des trains qui se succédaient à courts
intervalles, montaient de la gare à la villa et couvraient
les allées et les pelouses. Ces députations des pays les
plus éloignés se coudoyaient ; la Bretagne près de la
Savoie, les Basses-Pyrénées près de la Bourgogne ; les
Charentes près du Pas-de-Calais. La députation de
Tarbes se signalait par une splendide bannière, semée
d'abeilles d'or, aux armes impériales, portée par un
homme intelligent et résolu, M. Fatin. Les caisses rem-
plies de couronnes de violettes s'entassaient en pyra-
mides. Un enivrement général épanouissait les visages ;
on s'étonnait de cette foule ; on se félicitait de ce concours.

A midi et demi, la tente destinée aux deux discours
s'était remplie. Deux ou trois mille personnes se pres-
saient autour d'elle. A l'extrémité de la tente, tournée
vers le château, avait été réservé un petit espace en
hémicycle, occupé en partie par une estrade, et séparé
de la salle par un cordon. L'estrade était destinée au
Prince, à l'Impératrice, au petit nombre de personnes
de leur suite ; l'espace de plain-pied, à droite et à gauche, aux représentants de la presse anglaise et française,
à d'anciens ministres et à d'anciens députés.

Parmi les dames, au milieu desquelles on remarquait
madame la duchesse de Cambacérès, madame la maréchale Canrobert, madame la générale comtesse Fleury,

madame et mademoiselle Rouher, se trouvait aussi madame Lebon, doyenne des dames de la Halle de Paris, fort appréciée de notre regretté Empereur, auquel elle avait suggéré le plan et la disposition des Halles centrales.

Vers une heure et demie, un hourra énergique poussé autour de la tente et une houle violente dans la foule extérieure annoncèrent l'arrivée de l'Impératrice et du Prince Impérial. Bientôt le fond de l'hémicycle s'ouvrit, et un cri ardent, passionné, enthousiaste, de *Vive l'Empereur !* accueillit l'entrée de Sa Majesté et de Son Altesse Impériale.

Sa Majesté était en grand deuil de veuve. Le Prince, en habit noir, portait la plaque et le cordon de Grand-Croix de la Légion d'honneur.

L'émotion produite par le Prince Impérial avait été aussi vive que soudaine. Tous les yeux étaient sur lui, tous les cœurs battaient pour lui. On voyait un jeune homme grand, élancé, élégant de formes, distingué de manières ; le geste aisé, l'attitude noble, le regard ferme et pénétrant. C'était un bel et long avenir d'intelligence et d'énergie ; une nature d'élite, tenant déjà beaucoup, promettant encore davantage. Du reste, l'œil doux et profond et la démarche de son père. Un vieillard, ancien sénateur, qui avait vu le premier Empire, disait à côté de nous : « C'est Napoléon Ier, à dix-huit ans. »

Quand cette explosion de cris, de vœux, de respects, dans laquelle l'Impératrice avait sa large part, eut cessé, et que cette foule émue fut redevenue maîtresse d'elle-même, M. le   e Pa   , au nom de tous les voyageurs, adressa au Prince le discours suivant, plusieurs fois interrompu par les signes d'approbation de l'assemblée :

« Monseigneur,

« Notre premier hommage était dû à l'Empereur. La prière nous a réunis autour de son tombeau ; nous nous sommes rappelé cette grande âme, à laquelle le rang suprême n'avait enlevé aucune de ses exquises délicatesses et que l'infortune avait laissée noble et sereine.

« Oublieux des ingratitudes, dédaigneux des haines, l'Empereur n'a jamais, après tant de désastres subis, fait tomber une seule parole amère de ses lèvres attristées.

« Nous qui l'avons connu, nous l'avons bien aimé, Monseigneur, et cette affection est notre premier lien avec vous, qui portez si haut les sentiments de la piété filiale.

« Des divers points du territoire, nous nous sommes donné rendez-vous au jour anniversaire de votre naissance ; ceux qui n'ont pu venir vous ont adressé les témoignages de leur fidélité.

« Permettez-moi, Monseigneur, de préciser en peu de mots le caractère vrai de cette réunion.

« Les partis de France propagent leurs doctrines et cherchent à en hâter le triomphe ; nous ne pouvions garder le silence : la cause impériale occupe une trop grande place dans le pays.

« Résolus à ne pas franchir les limites de la loi, nous

avons le droit de rappeler le passé, de nous interroger sur les aspirations de notre patrie et de proclamer nos croyances devant le représentant d'une dynastie qui, en ce siècle, a occupé le trône pendant plus de trente années.

« Il y a dix-huit ans, Monseigneur, le peuple français acclamait votre naissance; l'Europe, réunie au Congrès de Paris, s'associait à ses joies et à ses espérances. Vous receviez le titre d'Enfant de France.

« Aujourd'hui, si la tempête n'avait pas arrêté le cours de la volonté nationale, les constitutions de l'Empire remettraient entre vos mains les destinées du pays.

« Au contraire, depuis trois années, les tentatives pour constituer un gouvernement définitif naissent et meurent dans l'impuissance. La nation, tout en se confiant à la loyauté du maréchal de Mac-Mahon, qui a la garde temporaire de ses intérêts, est inquiète sur son avenir, et l'activité nationale est en souffrance.

« La sécurité ne peut être reconquise que par la loyale et libre expansion de la volonté de tous s'imposant au patriotisme de chacun.

« Quel gouvernement choisira le suffrage universel exerçant son indiscutable souveraineté ?

« La France est démocratique, mais elle veut l'ordre et 'autorité. La République n'a jamais été pour elle qu'une intermittence ou une transition; elle ne lui a été imposée que par la terreur, une insurrection triomphante ou un attentat commis sous les yeux et au profit de l'ennemi.

« La dynastie des Napoléon a été choisie dans les

rangs du peuple, pour représenter et garantir les intérêts et les droits de notre société moderne. Fondée,
relevée, soutenue par d'innombrables suffrages , elle
est l'élue, non d'une classe, mais de la nation entière.

« Ce sont là vos titres, Monseigneur, et cette nation
qui les a écrits de sa main ne saurait les oublier.

« Ceux qui la disent versatile et révolutionnaire la
calomnient. Sans doute les surfaces sont facilement agi-
tées par les vents contraires, et notre sort n'a été que
trop de fois à la merci de l'émeute.

« Mais la foi politique du peuple est comme sa reli-
gion : elle n'est un instant courbée par l'orage que pour
se relever plus ardente et plus fière. Nous sommes nombreux autour de vous, Monseigneur, mais mille fois plus
nombreux sont ceux qui, sur la terre française, célè-
brent le 16 mars par leurs vœux et leurs prières.

« Attendez donc avec confiance. Personne n'arrêtera
le courant national; vivez les heures de l'exil dans le
recueillement et le travail, entouré des tendresses d'une
mère dont le courage et la patriotique abnégation ont
marqué la noble place dans l'histoire : mais soyez prêt
pour les desseins de la Providence. »

Assurément, ce discours de M. le duc de Padoue fut
écouté avec la plus grande attention et la plus manifeste
sympathie. Nous l'avons déjà dit, des témoignages d'approbation l'avaient vivement interrompu à plusieurs
reprises ; mais, tout le monde le sentait, l'événement
du jour n'était pas là. Pendant que M. de Padoue par-
lait, le prince était debout, un papier à la main, atten-

dant, avec la liberté et l'aisance d'attitude les plus complètes, son tour de s'expliquer. Qu'y avait-il dans ce papier? Quel souffle, quelle intelligence, quelle âme allaient se manifester dans cette parole encore enchaînée? Voilà les questions qui étaient posées dans cette foule émue. Au bout de deux ou trois phrases, ces questions étaient résolues.

La tente était immense. Trois mille personnes y étaient entassées; la plus éloignée de toutes entendit le premier mot du Prince aussi nettement, aussi complétement que celles qui l'entouraient; et l'orateur le mieux écouté est toujours, on le sait, celui duquel on ne perd pas une parole. Aussi, dès la première phrase, le silence fut-il profond, au dehors comme au dedans. On écoutait, parce qu'on entendait.

C'est là un don de la nature, qu'on perfectionne mais qu'on n'acquiert pas; la voix du Prince est pleine, puissante et sa prononciation nette et vigoureuse. Tous ceux qui avaient entendu l'Empereur dans les grandes cérémonies retrouvèrent dans son fils cette parole si énergiquement détachée, allant au but comme un projectile, mais reposant sur une base encore plus ferme, et avec un timbre plus pur. Faire un bon discours était une première difficulté; le bien prononcer en était une autre non moins grande. Or, dès le début, cette seconde difficulté était on ne peut pas plus heureusement vaincue.

Maintenant, quelle était la nature, quelle était la portée de ce discours? Plaçons-le au préalable sous les yeux du lecteur.

Se tournant d'abord vers M. de Padoue, le Prince lui
dit :

« Monsieur le duc,

« Je vous remercie des paroles que vous venez de
« prononcer ; elles ne pouvaient m'être adressées par un
« ami plus loyal et plus sympathique. »

Après quoi, se tournant vers le public, le Prince s'ex-
prima en ces termes :

« Messieurs,

« En vous réunissant ici aujourd'hui, vous avez obéi
à un sentiment de fidélité envers le souvenir de l'Empereur, et c'est de quoi je veux d'abord vous remercier.
La conscience publique a vengé des calomnies cette
grande mémoire et voit l'Empereur sous ses traits véri-
tables.

« Vous qui venez des diverses contrées du pays, vous
pouvez lui rendre témoignage ; son règne n'a été qu'une
constante sollicitude pour le bien de tous ; sa dernière
journée sur la terre de France a été une journée d'hé-
roïsme et d'abnégation.

« Votre présence autour de moi, les adresses qui me
parviennent en grand nombre attestent combien la
France est inquiète de ses destinées futures : l'ordre est
protégé par l'épée du duc de Magenta, ancien compagnon des gloires et des malheurs de mon père. Sa
loyauté nous est un sûr garant qu'il ne laissera pas ex-

posé aux surprises des partis le dépôt qu'il a reçu. Mais l'ordre matériel n'est pas la sécurité.

« L'avenir demeure inconnu, les intérêts s'en effrayent, les passions peuvent en abuser.

« De là est né le sentiment dont vous m'apportez l'écho, celui qui entraîne l'opinion avec une puissance irrésistible vers un recours direct à la nation, pour jeter les fondements d'un gouvernement définitif. Le Plébiscite, c'est le salut et c'est le droit; c'est la force rendue au pouvoir et l'ère des longues sécurités rouverte au pays : c'est un grand parti national, sans vainqueurs ni vaincus, s'élevant au-dessus de tous pour les réconcilier.

« La France, librement consultée, jettera-t-elle les yeux sur le fils de Napoléon III? Cette pensée éveille en moi moins d'orgueil que de défiance de mes forces. L'Empereur m'a appris de quel poids pèse l'autorité souveraine, même sur de viriles épaules, et combien sont nécessaires, pour accomplir une si haute mission, la foi en soi-même et le sentiment du devoir.

« C'est cette foi qui me donnera ce qui manque à ma jeunesse. Uni à ma mère par la plus tendre et la plus reconnaissante affection, je travaillerai sans relâche à devancer le progrès des années. Quand l'heure sera venue, si un autre gouvernement réunit les suffrages du plus grand nombre, je m'inclinerai avec respect devant la décision du pays. Si le nom des Napoléon sort pour la huitième fois des urnes populaires, je suis prêt à accepter la responsabilité que m'imposerait le vote de la nation.

« Telle est ma pensée : je vous remercie d'avoir parcouru une longue route pour venir en recueillir l'expression.

« Reportez aux absents mon souvenir, à la France les vœux de l'un de ses enfants : mon courage et ma vie lui appartiennent.

« Que Dieu veille sur elle, et lui rende ses prospérités et sa grandeur ! »

Dans ce discours, interrompu et couvert par des cris enthousiastes, deux choses sont à remarquer : la facture et la doctrine ; une forme jeune et une pensée mûrie. L'une et l'autre appartiennent au Prince.

La presse hostile de Paris, intéressée à affaiblir l'effet de la réunion du 16 mars, et ne pouvant nier ni le nombre des visiteurs, ni l'éclat de la démarche, a imaginé de contester au jeune orateur l'idée et l'exécution de son discours. Jugeant le fils de Napoléon III, élevé comme devront désormais être élevés les Princes pour être dignes de gouverner, d'après la moyenne des fils de famille confiés à l'Université, ces journalistes malveillants et jaloux ont présenté ce discours comme une pièce d'apparat, placée par M. Rouher dans la bouche du Prince Impérial. Assurément, si M. Rouher avait fait un discours, il l'aurait fait bon et beau ; mais M. Rouher aurait fait son discours, à lui, conforme à son talent et à sa manière ; le Prince a fait le sien, qui n'est dans le genre et dans la manière de personne, si l'on excepte l'Empereur son père.

Tous les hommes politiques et tous les lettrés sérieux

qui ont lu ce discours, sont restés frappés de ce procédé affirmatif, élevé, ferme et rapide, qui semble destiné à caractériser la parole des trois générations des Bonaparte. Il y a là comme un moule spécial, aux formes brèves et précises, dans lequel bien peu d'écrivains réussissent à jeter leurs idées, même les bons. C'est le style politique à sa puissance la plus élevée, et dont Napoléon Ier et Napoléon III ont, jusqu'ici, possédé seuls le secret.

Nous avons eu tant de témoins de l'effet prodigieux de ce discours, que nous ne saurions, en parlant de lui, encourir aucun reproche d'exagération. Néanmoins, l'affection peut toujours sembler suspecte de flatterie. C'est pour cela que nous croyons utile à la vérité de recourir au témoignage des journaux anglais, dont les représentants étaient tous à Cambden-Place, et qui, témoins désintéressés dans nos débats politiques, ont apprécié comme on va voir l'attitude, les sentiments et le langage du Prince.

On lit dans le *Times* :

« Les accents du Prince sont ceux d'un homme qui sait se faire entendre et se faire écouter. Ses paroles sont à la hauteur de son rang, dignes de ses aspirations, et il les a prononcées avec un sentiment de grandeur qu'il est juste de reconnaître. — Certains passages, tels que ceux où le prince parle du plébiscite et du maréchal Mac-Mahon, compagnon de gloire et d'infortune de son père, ont produit un tel effet que l'assemblée paraissait être en délire, en répétant mille fois : Vive l'Empereur ! vive l'Impératrice ! »

On lit dans le *Daily-Telegraph :*

« Les *bonapartistes* ont lieu d'être fiers de la *cérémonie* politique qui s'est *accomplie à Chislehurst*. Plus de huit mille personnes s'y étaient donné rendez-vous pour protester de leur dévouement au Prince et à l'Impératrice. Il y avait là des nobles, des pairs, des hommes d'État émérites. Il y avait des ministres, qui jadis ont tenu dans leurs mains les destinées de l'Europe et qui pourraient un jour en disposer encore.

« Il y avait des maréchaux de France, des officiers de l'armée. Il y avait des députés, des préfets et une foule de partisans plus obscurs. M. Rouher, le chef du parti impérial, était naturellement la figure la plus imposante après le Prince Impérial et l'Impératrice. Tous ces noms ont une signification considérable qui sera pleinement reconnue en France. Le monde entier n'aurait pu fournir un assemblage plus touchant de fidélité et de dévouement. Quand, il y a un an, les mêmes amis éprouvés sont venus aux funérailles de l'Empereur, leur attitude était morne et désolée ; on aurait dit qu'ils assistaient à l'enterrement d'une dynastie ; mais la cérémonie d'hier avait un aspect tout autre ; les regards et les paroles renfermaient des espérances dont il est difficile de méconnaître la portée et le but ; on proclamait un grand principe, on acclamait un futur Empereur. »

On lit dans le *Daily-News* :

« Le discours du Prince a été inspiré par de bons sentiments et repose entièrement sur le principe de l'appel au peuple. Le jeune prétendant, en décrivant les bases de ce gouvernement définitif, composé d'un « grand parti national, sans vainqueurs ni vaincus, s'élevant au-dessus de tous pour les réconcilier, » semble s'être inspiré des idées ayant pour but l'adoption d'une république conservatrice.

« C'est cette mission qu'il se donne et dont il ne s'écartera pas, si, pour la huitième fois, le nom des Napoléon sort des urnes populaires. Son allusion modeste à sa jeunesse et à son inexpérience et l'hommage de tendresse et d'affection qu'il rend à sa mère, dépeignent les sentiments qui animent le jeune Prince et sont bien faits pour lui attirer la sympathie de tous ceux à qui il s'est adressé. »

On lit dans le *Standard* :

« La démonstration, à Chislehurst, avait un caractère imposant, et sa sincérité ne saurait être mise en doute. Le second Empire, depuis Sedan, a été couvert d'épigrammes ; mais cela n'empêche pas un troisième Empire de poindre à l'horizon. Personne ne peut dire aujourd'hui que les bonapartistes complotent à l'ombre. La conspiration, si conspiration il y a, s'affirme au grand jour. Les prétentions du Prince Impérial sont claires et bien définies.

« Sa réponse au duc de Padoue, à l'heure qu'il est, a

été lue par des millions de personnes, et il serait étonnant qu'elle ne fût pas admirée par la majorité des lecteurs. La vue d'un jeune homme de dix-huit ans, parlant, non-seulement en son nom, mais au nom d'une des plus grandes dynasties modernes, est bien faite pour surexciter l'imagination et même pour toucher les cœurs, et il faut reconnaître que le Prince s'est acquitté de sa tâche difficile avec beaucoup de tact et de jugement. »

On lit dans *the Hour* (l'heure) :

« Le 16 mars 1874 peut être inscrit dans le calendrier politique de la France comme l'*inauguration d'une nouvelle ère nationale*. La foule qui encombrait hier les abords de Cambden-Place représentait tous les éléments de la nation française : noblesse, armée, clergé, journalisme, industrie, commerce. Deux choses ressortent clairement de cette manifestation. La première, c'est l'impression profonde que la légende napoléonienne a laissée au cœur d'une grande partie de la population française ; la seconde, c'est la loyauté des partisans de la maison Bonaparte.

« Les ennemis mêmes de l'Empire ne pourront s'empêcher de convenir que le Prince s'est acquitté admirablement de la tâche difficile et quelque peu ingrate qu'il a eu à remplir hier. Son discours est plein de virilité ; et si quelque chose peut inspirer confiance dans le caractère du Prince, c'est l'esprit de franchise et de résolution de ce manifeste, qui, certainement, est appelé à figurer dans l'histoire de la nation française. »

On lit dans le *Morning-Post* :

« Ceux qui n'avaient jamais vu le Prince ou qui, ne l'ayant connu que dans sa tendre jeunesse, entretenaient des doutes sur son énergie et ses capacités, ont été promptement rassurés à l'audition de son discours. Ils pourront dire à leurs amis de France que le frêle enfant est aujourd'hui un vigoureux jeune homme, et que la restauration de l'Empire est plus que jamais possible. »

Tel a été, dès le lendemain de l'événement, le langage de la presse anglaise, à laquelle on ne saurait attribuer aucune pensée de partialité. Elle a constaté franchement ce qu'elle a vu ; c'est-à-dire, d'un côté, *un vigoureux jeune homme ;* un Prince *plein de tact et de jugement,* qui s'est *acquitté admirablement de sa tâche difficile,* et a prononcé son discours *avec un sentiment de grandeur qu'il est juste de reconnaître ;* d'un autre côté, une réunion telle, que *le monde entier n'aurait pu fournir un assemblage plus touchant de fidélité et de dévouement, une assemblée qui paraissait être en délire, en répétant mille fois :* Vive l'Empereur ! vive l'Impératrice ! si bien, qu'il était *difficile d'en méconnaître le but et la portée : on proclamait un grand principe, on acclamait un futur Empereur !*

Ainsi ont parlé les journalistes anglais, tous présents, le 16 mars, à Cambden-Place. Ce témoignage est sans réplique et défie tous les doutes.

Après avoir prononcé son beau discours, proclamant.

la souveraineté nationale, et affirmant la nécessité d'un plébiscite, auquel il jurait de se soumettre, quel qu'en fût le résultat, le Prince, donnant le bras à l'Impératrice, sortit de la tente au milieu d'acclamations enthousiastes, qui les suivirent jusqu'à la résidence.

Une heure environ fut employée par cette masse de visiteurs à se reconnaitre, à se retrouver, à se grouper par département, et à échanger l'expression des sentiments qu'elle éprouvait. Le mot du *Times* était vrai; il y avait du *délire*.

Peu à peu les groupes se formèrent, et les députations des départements furent introduites par ordre alphabétique dans le salon où se tenaient le Prince Impérial e l'Impératrice, avec les personnes de leur maison.

Ces visiteurs en nombre immense comprenaient deux catégories distinctes: celle des personnes qu'on désigne sous la dénomination d'entourage, et celle des visiteurs proprement dits, accourus des départements.

L'entourage du Prince et de l'Impératrice comprenait ceux que d'anciennes fonctions, d'anciens services, d'anciens dévouements personnels rattachent d'une manière spéciale à la Famille impériale.

Le *Times*, dont le directeur et le reporter étaient présents, donne les trois groupes suivants :

Autour de l'Impératrice et du Prince étaient présents les membres suivants de la Famille impériale : le prince Lucien Bonaparte, le prince Lucien Murat, le prince Louis Murat et le prince Charles-Napoléon Bonaparte.

Parmi les dames de distinction qui étaient auprès de l'Impératrice, on remarquait madame et mademoiselle

Louise Rouher, la duchesse de Cambacérès, madame la maréchale duchesse de Malakoff, madame la maréchale Canrobert, la comtesse Fleury, madame Lebreton-Bourbaki, marquise de la Vallette, comtesse Clary, madame Haentjens, baronne de Bourgoing, mesdames Fortioli-Conti, Dugué de la Fauconnerie, comtesse de Casabianca, vicomtesse Pajol, baronne de Farincourt, marquise d'Albuféra, etc.

Dans le cercle des personnages de l'entourage du Prince, nous avons aperçu, en dehors des ministres, le duc de Montmorency, le prince de Wagram, le marquis d'Albuféra, le comte d'Ornano, le comte Aguado, le comte Guy de Turenne, le comte Lemarrois, le comte Louis de Turenne, le duc de Feltre, le docteur Conneau, le baron Corvisart, M. Franceschini Piétri, le comte Davillier, le comte Clary, le comte du Bourg, Thoinet de la Thurmelière, le comte de la Chapelle, le baron Lambert, le marquis de Piennes, le comte de Cossé-Brissac, M. Filon, M. Walsch, M. Dugué de la Fauconnerie, le baron de Pierres, comte d'Autun, Maurice, Puech-Cazelles, colonel Verly, baron de Montbrun, comte de Vallabrègue, M. de Cassagnac père et M. Paul de Cassagnac son fils, baron Morio de l'Isle, vicomte d'Arjuzon, comte du Manoir, marquis de Contades, comte de Bouville, baron Pitot, etc., etc.

Les anciens sénateurs étaient représentés par le comte de Ségur d'Aguesseau, baron Paul de Richemont, comte de Niewerkerque, comte Monnier de la Sizeranne, M. de Mentque, duc de Bassano, duc de Cambacérès.

Les anciens ministres présents étaient : MM. Rouher,

duc de Grammont, comte de Casabianca, marquis de Lavalette, Gressier, Pinard, duc de Padoue, Ferdinand Barrot, Grandperret, Chevreau, Mège, Busson-Billault, Béhic, et MM. Piétri et Boitelle, anciens préfets de police.

Parmi les anciens membres du conseil d'État, MM. Abbatucci, Cottin, Vernier, Gaudin, Chasseriau, de la Noue-Billault, Chassaigne-Goyon, Genteur, Boinvilliers, Goupy, Eugène Bataille, Brincart, Gustave Rouher, Quentin Bauchard, Taigny, Bayard, vicomte de Casabianca, Roussigné, Oldekop, Jolibois, A. Legrand, de Magnitot, Le Provost de Launay, Ramond, Festugières, des Mazières et Burlet.

Parmi les anciens députés, MM. de Guilloutet, C. Dollfus, E. Dréolle, Bartholony, marquis de Colbert, comte de Lavalette, Lacroix Saint-Pierre, Édouard André, comte d'Ayguevives, comte de la Poëze, baron Buquet, Lasnonier, Charles Leroux, Haentjens, Eschassériaux, Vast-Vimeux, baron de Corberon, Desmaroux de Gaulmin, Argence, Granier de Cassagnac, Noubel, baron de Bourgoing, Peyrusse, Busson-Billault, Labat, Daguillhon Pujol, Pinard, Stephen Liégeard, Mathieu, Chagot, Prax-Paris, comte Murat, A. de Dalmas, duc de Rivoli, Belliard, marquis d'Havrincourt, Chaix d'Est-Ange, Thoinet de la Thurmelière, Hamoir, marquis de Piennes, baron de Pierres, Sans, comte Jérôme de Champagny.

Parmi les membres présents de l'Assemblée, MM. Prax-Paris, Haentjens, Eschassériaux, Vast-Vimeux, comte Murat, Levert (ancien préfet), Boffinton (ancien préfet), Abbatucci (ancien conseiller d'État), A. Legrand, Martenot, Sans, Gavini (ancien préfet), Galloni d'Istria et comte Ginoux de Fermon.

Nous regrettons vivement de n'avoir pas entière la liste des anciens préfets de l'Empire. Soixante-cinq étaient présents à Cambden-Place, il n'en manquait donc que vingt-deux en comptant les morts. En les réunissant aux conseillers d'État, aux anciens ministres, aux anciens ambassadeurs, on aurait trouvé à Chislehurst le personnel d'un gouvernement tout entier, prêt à fonctionner sur l'heure.

Mais soit dit sans blesser aucune des notabilités ou des illustrations qui précèdent, la partie de la réunion qui frappait le plus les Anglais présents à Cambden-Place, c'étaient les quatre-vingt-cinq groupes formés par les députations des départements. Tous y étaient représentés, même la Corse et l'Algérie.

Le anciens serviteurs de l'Empire, ministres, ambassadeurs, députés, conseillers d'État, préfets, étaient assurément venus par affection, mais aussi par devoir. Leur présence plaisait, comme témoignage de fidélité, mais elle ne surprenait personne. Il n'en était pas de même quant aux cinq à six mille conseillers généraux propriétaires, négociants, fermiers, industriels, marchands, rentiers, cultivateurs présents à Cambden-Place, qui donc avait pu les déterminer à faire ce long, pénible et coûteux voyage, sinon le plus touchant et le plus inaltérable dévouement? Les Français voyagent peu, surtout dans les campagnes; et se résoudre à passer la mer, surtout avec les tempêtes de l'équinoxe, est un acte de résolution devant lequel reculent bien des gens.

Aucun de ces hommes, aucune de ces femmes n'avait hésité; pas plus ceux qui venaient des Pyrénées ou des Alpes, que ceux qui étaient partis de Bayonne, de Béziers ou de Chambéry.

Chaque département, avons-nous dit, avait sa députation. Les moins nombreuses étaient de vingt à vingt-cinq personnes; celles de la Gironde et des Charentes dépassaient soixante. Le Pas-de-Calais avait envoyé deux cent quarante délégués. La députation de Paris en comptait mille. Il y avait à peine quelques ouvriers, dont les frais de voyage avaient été couverts par des souscriptions faites entre eux. La députation comprenait tous les éléments de l'industrie et du commerce de Paris. Douze marchands importants, dont deux établis aux Halles centrales, apportaient au Prince une écritoire en or et argent, merveille de dessin et de ciselure. Les ouvriers qui ont exécuté ce chef-d'œuvre n'ont pas voulu recevoir de salaire.

Chaque députation a été conduite, par ordre alphabétique de département, dans le salon de Cambden-Place, et présentée au Prince, qui a dit quelques mots à chacune. La journée n'a pas suffi, et les présentations ont continué le mardi 17, et même le mercredi 18. Il faisait nuit, le 16, lorsque les mille Parisiens défilaient encore.

Il y a eu, dans ces présentations nécessairement précipitées, des mots charmants. Une dame avait dit au Prince Impérial : « Monseigneur, je représente ici trois générations: mon grand-père, mort au service de Napoléon Ier; mon père, mort au service de Napoléon III, et moi, qui apporte mes vœux à Napoléon IV. — Madame, a répondu le Prince, je m'aperçois que je suis votre débiteur. Je ne vous ai donné qu'une poignée de main ; je vous en dois deux autres ; les voici. » — Et prenant les deux mains de cette dame, le Prince les pressa avec émotion.

Nous travaillons à préparer des listes exactes, comprenant les noms de toutes les personnes qui sont allées à Chislehurst le 16 mars. Le travail est long et difficile, et nous sommes obligés d'en ajourner le résultat.

Ce qu'on peut dire aujourd'hui, c'est qu'un groupe immense d'hommes d'ordre existe dans tous les départements, groupe manifesté par les six mille voyageurs qui se sont rendus en Angleterre, et par les adresses presque innombrables qu'ils y ont fait parvenir. Ces hommes, voués par reconnaissance et par respect au souvenir de l'Empire, sont prêts à l'appuyer de leur ardent concours, le jour où la volonté nationale l'aura rétabli. Ils n'ont caché à personne leurs sentiments ; ils en ont porté l'expression respectueuse au fils et à la veuve de leur regretté et bien-aimé souverain ; et le jour où le scrutin s'ouvrira, ils y apporteront leurs votes, simplement, fermement, sans bravade pour personne.

Donc, vienne le troisième Empire ; son personnel est prêt et résolu.

Imprimerie Parisienne, J. Soubie, impasse Bonne-Nouvelle, 5. — Paris.